포엠포엠
POEMPOEM

가시가 자라는 방식

2016 Jo, Yeon Su

가시가 자라는 방식

포엠포엠시인선 016

가시가 자라는 방식

조연수 시집

가시가 자라는 방식

목차

- 자서 · 10

1부

사과를 말리다가 · 15
내가 만나 몇몇의 얼굴에게 · 16
늙어버린 소년을 알지 · 17
문득, 저녁이었다 · 18
바닥에 누워, 가끔 · 20
여럿이 모여 · 21
미나리가 자라는데요 · 22
늦은 저녁 맨드라미 · 23
고달 퍼질 때 · 24
거짓말이 위로가 되는 오후 · 25
두려움이라고 말하자 · 26
11월의 비도 영원하지는 않지 · 27
여자와 한 남자의 이야기 · 28
초록으로 떠난 · 29
보르게세 오렌지 공원을 걷다가 · 30

2부

쪼개진 연애 · 37
이듬해의 이야기 · 38
돈가스를 먹어라 · 40
오류 · 41
봄, 원피스 · 42
잠, 견디기 · 43
형식적인 네모의 방에서 · 44
간단한 문제 · 45
무의식의 습관 · 46
오래된 사춘기 · 47
균형의 법칙 · 48
우울의 법칙 · 50
무언의 합의 · 51
공갈 빵 · 52
빙하기 · 53
읽기 예보 · 54

3부

가시가 자라는 방식 · 61
겹칠 수 없는 눈과 눈 · 62
잠시 머물다 · 63
잉여인간 1 · 64
웅크린 외투에게 · 65
대추나무 · 66
비스듬히 누운 책 한 권 · 67
돌아가기 · 68
도대체 잠이 오지 않아 · 69
심연의 대한 상상 · 70
변명 · 71
오늘의 고백 · 72
여름이 간다 · 73
책상의 결핍 · 74
사이의 이야기 · 75

4부

이발사의 다리 · 81
벚꽃나무 아래 서랍장 · 82
붉은담벼락 담쟁이 · 83
늙은 광대 · 84
가우도 출렁 다리 · 85
향기별가가미 · 86
잉여인간 2 · 87
무좀 1 · 88
소설 · 89
무좀 2 · 90
날개 달린 의자 · 91
드레스덴 가는 기차 · 92
기다리기 · 93
네팔 이야기 · 94
아씨씨로 가는 길 · 96
카트만두 소년에게 · 97

■ 해설
달콤한 상실을 감내하는 자의 독백 — 정훈(문학평론가) · 103

● 자서

결국 갈 것은 간다
여름처럼,

남은 자의 슬픔이 더 이상 슬프지 않기를
생의 이면에 남은 또 다른 생을
위하여,

어제의 내가
오늘의 내가 되었듯이.

조연수

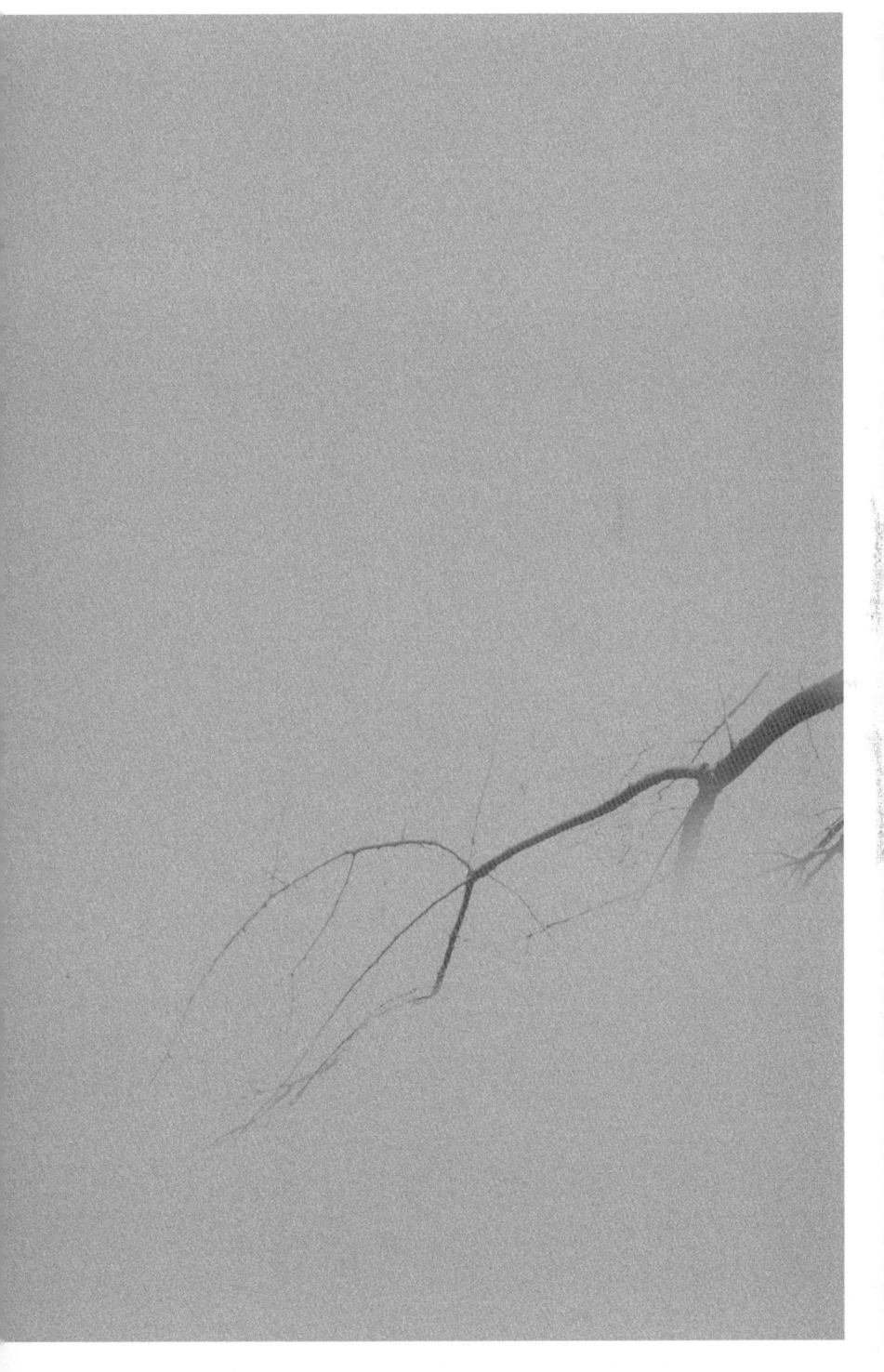

1부

사과를 말리다가

달콤한 쭈그러짐을 읽어본다
사바나의 열기로 가득했던 한 때를 쏟아 붓고
거리로 달려 나가던 초록원숭이
슬프게도 얼룩비로 사라졌다
누렇게 뜬 얼굴로 저녁을 맞을 때면
접히지 않는 우산은 담벼락에 걸어 두기로 한다
붓기 빠진 발목이 접힌 채 식탁 위에 놓여있고
낡은 습관을 끌고 긴 언덕을 넘어온 고단함이 곁들여진다
그런 훌륭한 식탁을 마주할 때면 착한 찬송가를 불러야한다
100도의 온도를 유지하는 것이
오늘 쭈글거림에 대한 예의라면
죽음을 기다리기 위한 노래는 식욕을 돋운다
어디서 돌아 왔는가
저녁 붉은빛을 따라 온 쭈글거림
식탁 위에 해 넘긴 달력을 넘겨보며
흔들리는 눈동자에 대해 이야기를 나눈다
가끔 마주 했던 붉음과 문장과 바람을
소란스런 열기 위에 널어두고
잠시 기다리는 것이다

내가 만나 몇몇의 얼굴에게

　오늘 만난 몇 개의 얼굴을 모아 국을 끓이거나 베란다에 던져 둔다고 하자 뽀얗게 우러난 몇 개의 얼굴이 걸쭉하게 끓어오르고 베란다 밖으로 튀쳐나간 또 다른 몇몇은 붉게 노랗게 나무에 걸렸다고 하자 수시로 돌아섰다 다시 돌아서며 오늘 왔다 가버린 얼굴, 삭막한 계절에도 나를 떠나지 않았던 어떤 얼굴, 뼛속을 스멀거리는 짜릿한 기억 속에 웃거나 울거나 소리치며 나를 부르는 얼굴, 외로웠고 지독했던 가여움을 채워 주는 그 얼굴을 우려서 지금까지 먹고 살았다 아직 닿지 못한 행성 어딘가에 있을 수많은 얼굴을 떠 올린다 또 다른 계절이 시작되고 있다

늙어 버린 소년을 알지

밥 먹을 때마다 숨을 몰아쉬는 작은 얼굴의 소년
짧은 머리가 어색해서 더 기특한 오후
훌쩍 자라버린 옥수수처럼 옹골찬 뼈다귀로 자랐겠다
투명한 뼈들이 단단해지는 동안
어쩌면 익숙하게 가라앉은 심연의 사실들이
심장을 팔아먹었는지도 모를 일이다
오늘 일기에 이렇게 쓴다
오늘도 결심했고 살아냈고 잠을 잘 테다
아무도 모르게 새겨진 가슴의 흔적들은
잠자는 나를 뜯어 먹겠지
기억을 펼쳐 상처를 다독이고
슬쩍 어깨를 펴면 이제 꼭 잡은 손을 놓아도
훌쩍 자란 슬픔을 보며 한 뼘 만큼 웃을 수 있겠지
아직 저 너머의 생이 남았으므로
무릇 오늘 더위가 흡족하겠지

문득, 저녁이었다

몰랑한 채송화 줄기였는데
버석 말라가는 옥수수 대가 된 것은
아침나절 잠시 외출했다 돌아온
박새 이야기였다
건조한 하늘로 주둥이를 쳐들고 오르는
문득,
저녁이었다

흑백사진 속 구두에서는 광택이 나지 않는다
여러 해 동안 태풍이 오지 않았으므로
사진 속은 고요하다
고요한 여자는 위태롭게 목을 내밀고
읽지도 못하는 말을 더듬거리고 있다
기웃거리는 문장이 귓속을 후벼 파지만
아무것도 들을 수 없다
박제가 된 풍경

차가운 날개를 접어 박새로 살아가는 시간
도통 모르는 소식들 구구구 찍어대다가
팽팽한 연줄에 매달려
서슬 퍼런 바람을 견디며 졸다가
날개 짓 한 번으로 푸드득 일어선다

구겨진 바지처럼 접혀버린 날개
다시 바람을 타고 휘저어 본다
사진 속은 고요하다

문득, 저녁이었다

바닥에 누워, 가끔

야들한 옥수수 알을 뜯어 먹는 염소로 늙은 적이 있다

어색하게 맺어진 접시꽃과 옥수수처럼 기준 없는 소식들
달그락 거리는 숟가락 소리나 가래 끓는 기침소리로
오류투성이 염소로 살았다
균형 맞지 않는 수염이나 휘청거리는 발목
돌길을 달리지 못했다
유난히 발목은 가늘고 외로웠다
밤마다 떠오르는 흰 길을 보며 깊어진 눈동자
깊은 어둠을 읽기 시작했고 두려움도 자라났다
자라난 두려움은 타박타박 아침이면 산을 넘었다
어설픈 구구단을 외우며 숲길을 넘었을 좁은 어깨들
지금은 어디서 소란스러움을 견디고 있을까

마른바람이 지나는 저녁이면 희게 떠오르는 시멘트 바닥
흔들리는 어깨를 눕혀 놓는 거다
우거진 나무숲을 돌아
여기, 되돌이표로 잠시 등을 덥히는 것이다

여럿이 모여

비가 언뜻 내린 거 같고 담배 휠터가 화하게 박하 향을 쏟아 내던 밤이었어 말했잖아 삼겹살집은 너무 좁아 무릎을 맞대고 앉아야 제 맛이라고 너의 살과 그의 살이 노릇하게 익어 갈 것이고 썩은 심장이거나 싱싱한 위장들이 달달하게 볶아지면, 말했잖니 낮에 사온 상처들도 비벼 먹을 수 있다고 핏물 떨어지는 상처는 삶아 먹어야 부드럽지만 어떠니 어떻게 먹든 입 속으로 들어가 씹히고 잘려서 출출한 날씨를 달아오르게 할 수 있다면 데킬라에 소금처럼 환상적이지 우린 24시간 편의점으로 들어가 안전한 웃음을 사서 마셨지 시시비비를 가리지 않아도 아침을 맞을 수 있는 건강한 치아를 가졌으니 이제 문이 열린 삼나무 숲으로 들어 갈 수 있겠지

미나리가 자라는데요

 바람에 뒤섞인 머리카락은 풀지 않기로 해요 다시 손바닥으로 바람을 세면서요 그랬어요 굽은 등도 펴지 않고 기면서 살아온 이야기라고 해두죠 시간을 꽉 채워 변기를 닦았어요 저녁을 먹지도 않고 닦으면 머리가 뻐근하고 눈알이 튀어 나올 것 같다고 했죠 감지 않은 머리는 엉켜서 빗을 수 없어요 집으로 돌아오면 질척한 어둠에 살짝 뿌리를 내려 잠을 청하곤 했죠 통통하게 물오른 피곤함이 자라고 있어요 강둑을 따라 오밀조밀 야들야들 때로 질겅거리며 숙덕거리는 밤들이 계속 지나가고 있어요 가끔 빛이 머물러 쓰다듬고 있어요

늦은 저녁 맨드라미

기록되지 않은 관찰일지는 삭제하기로 한다 사막에서 쌩떼쥐베리를 만났다거나 어린 왕자의 시체를 찾았다는 믿기지 않는 사실들은 튕겨나가는 손톱 조각처럼 자유로워 사방팔방 뜬소문으로 살아남지만 빌어먹을 냉장고 상자로 만든 집이 태풍으로 날아갔다는 소식은 온유하지 않은 심장을 딜컥 멈추게 하곤 사라졌다 뒤틀린 입술을 바로 펴세요 주문을 넣어도 꼬인 위장이 눈물을 멈출 수 없으니 고요한 피사체 그대로 찍어야지 허리 꺾인 저녁의 침묵처럼 흑백의 버석거림으로 흔들려야지 말라가는 뼈마디를 불끈 끌어 올려 마지막으로 힘껏 웃어봐야지 낡은 모자의 노래가 슬프지 않은 건 잊혀진 소문이 가슴에 새겨졌기 때문 잘려나간 귀를 움켜진 두 손이 붉게 물들고 있다

고달 퍼질 때

애써 울지 말아야지 맑은 하늘이 보이는 창에 서서 노래를 흥얼거려 본다 동그랗게 찢어진 구멍을 어쩌지 못할 때는 간짜장을 진하게 시켜 먹어야지 이것은 속에 올라오는 달달함을 견딜 수 있는 날의 이야기 누렇고 접혀서 펴지다 찢어지는 쪽지처럼 구멍이 커져서 더 이상 구멍이 아니고 허공으로 펼쳐진다면 이 봄도 더 이상 봄이 아니겠지 두려운 계단에서 뒷걸음질 치는 운동화 꼿꼿하게 서 있지 말고 가끔 누워 보는 소나무처럼 내가 아니고 너가 아니고 당신이 아니고 그가 아니야 정말 아무것도 아니었는지 등을 돌려 보시지 애써 울지 말기를 찢어진 우산을 집어 살을 펴고 녹을 닦아 펼쳐보시지 찌그러진 대로 기울어진 대로 비오는 허공으로 펼치고 걸어보시지 지금은 빗속을 잠시 지날 때 올 것 같지 않은 맑음을 그저 기다리고 기다릴 때 혼자가 아니야 저기 걸어오는 기울어진 우산을 보시지

거짓말이 위로가 되는 오후

    우리는 쫄 바지를 기워 입었고 콩나물로 목을 축였지 타임 스퀘어 광장에서 마신 스타벅스 커피를 기억한다며 약속시간은 오류보다 견디는 때가 많다고 침이 마르도록 쑥덕거렸지 싱싱한 새들이 날아간 동쪽은 어디일까 먼저 떠난 자들의 길은 희미하거나 정직해서 뜨거운 물에 갈라지는 유리컵을 멈추게 할 수 없지 가늘게 번지는 초록의 시간을 떠 올릴 수 있는 건 단지 새로운 아침이 시작되었기 때문이야 세상에는 너무 많은 거짓말이 있어 썩어버린 씨앗으로 꽃을 피울 수 있지 바닥 난 통장을 부풀리는 꿈은 아직 유효한 레드카드를 사용할 수도 있다는데 때로 거짓말이 달콤한 노래를 부르기도 하는 위태로운 오후를 붙들고 있지

두려움이라고 말하자

　가려운 등을 긁어주는 등 갈퀴가 잡히면 잠시 잔잔한 평온이 오지만 곧 어둠이 오고 겨울이 오고 날카로운 직면을 피 할 수 없는 도화지가 펼쳐진다 그 위로 낭떠러지를 그린다 좁고 긴 굴곡이 있는 계곡 옆으로 흘러내리는 익지 않은 돌의 촉감, 손끝에서 사라져 낭떠러지에 서 있는 두 발을 그린다 끈이 풀어진 운동화나 누렇게 바랜 청춘이 머물고 있을 오글거리는 한 낮의 풍경 허공의 경계를 지나는 새들이 분주하다 아직, 나를 빠져 나가는 또 다른 나의 일탈은 목격 되지 않았다

11월의 비도 영원하지는 않지

다시 오지 말아라 하고 말하는 입은 숲 속을 흔들어대는 바람 소리로 묻혀 버리고 바람이 달려온다고 말하는 입으로는 멈추지 않는 기차가 지나간다 세상이 되돌이표로 흔들리면 마지나티 촉수를 따라 건조하게 길이 생긴다 그 길을 따라 어둠이 지나가고 예민해진 밤들이 어둠에 숨을 때마다 결핍스런 사건은 자라난다 아침이면 비행기가 추락하고 꽃이 피었다 비도 오지 않는데 꽃이 핀 이유를 빙빙 돌려 말하지 말아요 당신의 철학은 엽서보다 더 구식이라는 걸 몇 권의 책으로 써내야 믿으시겠어요 비밀은 영원하지 않아요

가끔 영혼이 일탈한다면 가파른 그리움을 지나는 11월의 비를 맞을 수 있겠지

여자와 한 남자의 이야기

 40도를 넘는 더위에 여자와 남자는 소주에 삼겹살을 먹기로 했다 공원 벤치에 누워있는 털옷의 노숙자를 지나쳐 횡단보도를 지나 백 년만의 꽃을 피웠다는 백년초 삼겹살집으로 들어간다 솥뚜껑 위에 놓여 진 삼겹살과 김치와 어울릴 것 같지 않은 콩나물과 두부 한쪽이 지글거리며 익기 시작했다 때로 어울리지 않는 탁자에 앉아 밥을 먹곤 했다 어색하게 다리를 흔들며 가위질을 하거나 볶아진 김치로 스파게티를 먹으며 다름에 대해 이야기하며

 그래 다르다는 것이 우리를 피곤하게 하긴 해 만약 다름에도 법칙이 있다면 고속 기차를 타고 단체 여행을 떠 날 수 있겠지 서로 다른 방식의 습관에 대해 듣고 싶어질 테고 오래도록 서로 바라 볼 수 있겠지 다름 때문에 연인이 되고 연애가 시작된다는데, 폭염 주의보가 내린 날 다름의 어깨를 가진 남자와 또 다름의 옷을 입은 여자가 백년만의 꽃을 피운 백년초 삼겹살을 지글지글 먹기 시작 했다

초록으로 떠난

수건을 접는 방법을 잊었어 당신은 말했고 여름이었다 가위로 써는 수박은 붉은 조각으로 흩어졌다 너는 울지 않았다 이건 나의 일이야 창문을 열지 말기를 새들이 날아오르지 못하도록 문고리를 잡고 잠이 들었다

몽롱한 어둠에서 깊은 잠을 몰아내는 건 쉬운 일이지 눈에 익은 어둠을 차례로 읽어 보는 것 첫 눈에 반한 남자를 떠 올리며 번호 퍼즐을 맞춰보는 것 냉장고를 열어 찬밥을 보자기에 싸서 화장실로 꽃구경을 가는 것 한 겹씩 어둠을 걷어 내는 일은 허기지고 고단한 일 언제 끝날지 모르는 계획 없는 일상

베지밀을 먹다가 빨강 양말을 신고 현관으로 간다 잠을 자야 할 텐데 새들은 모두 어디로 갔을까 구두를 베고 바닥에 눕는다 천정이 어둡다 아직 데워지지 않은 타일 바닥이 차갑다 따뜻해지려면 시간이 걸릴 텐데 봄은 언제 오는 거지 어둠의 끝에는 초록이 번지고 있는데

보르게세 오렌지 공원을 걷다가

너의 어깨를 따라 여기에 왔다
낮은 회색 담벼락을 따라 줄지어 서있는
약간은 굽고 오톨도톨한 살을 덮은 명랑한 유머들이 쏟아지는 밤
유머들이 흔들리자 건강한 웃음이 자라나고

이제 어디로 가는 거지?

바람을 타고 들려오는 오래된 너의 질문
오렌지 불을 밝힌 공원으로 들어선다
이 나무와 저 나무 사이를 지나는 오렌지오렌지 수군거림

어제 말했잖니
우린 오늘로부터 내일로 가는 기차를 탄 거야
이 여름밤 오렌지 공원을 지나면 결말이 없는 소설이 시작되는 거지
결말이 해피엔딩이라고 꿈꾸지 말 것
보르게세의 밤은 고요하게 가라앉은 질문들을 깨울 테니까
자신도 모르던 자신들이 깨어 날 때까지
후회는 하지 말 것
그건 오래도록 단단한 껍질 안에서 주황빛으로 익어 갈 것이고

가끔 눈물을 흘리며 외로움을 터트릴 테지
달콤함을 가장한 생일이 몇 번 지나고 나면
우린 다시 오렌지 공원 어디쯤 서 있겠지

다시 훤하게 누군가를 비추는 밤이 되면
너의 오렌지는 어디 있을까

한 밤 중 오렌지 공원에서 길을 잃고 싶어

포엠포엠
POEMPOEM

2부

쪼개진 연애

동쪽으로 향해
또도독또독또독또도독
문자 전송을 하고

동그란 줄무늬들이 모여 있었지 서로에게 물을 먹여 주고 등을 밀어주고 울다가 웃기도 했지 벌어진 잇 사이로 알아듣지 못하는 말들이 오고 갔지만 그저 고개를 주억거리며 알겠다고 했지 죽을지도 몰라 어제 박힌 총알을 빼주시던지 그래 고마워 죽을 수 있어서 더 이상 슬리퍼를 신을 수 없는 허벅지라도 있으니 웃을 수 있지 히죽 하얀 이를 보여 주세요 고맙고 고맙고 오염된 물이 라도 마실 수 있다니 비행기 타고 날아온 멋진 날개를 가진 모자를 벗어 주시지 노란 구호조끼가 더 이상 노란 희망이 아니지 이미 터져 버린 배고픈 풍선 쪼그라든 오리발 아직도 덥니 진지한 더위는 시작도 안 했단다 여태껏 무엇이 되기 위해 밤길을 걷다가 비행기를 타다가 바나나를 먹었다 창틀에 쌓인 먼지만큼 익숙하고 낡은 느낌은 여전하지만 온전히 단정한 성경책처럼 무겁고 딱딱하고 가죽스러워 그늘을 피하며 걸었다 따끔거리는 시간들은 때로 나무에 걸어 두기도 하는데

이듬해의 이야기

이듬이듬 새가 울고 갔더랬지
밥도 주지 않는 엄마는 어디로 갔을까
깊은 밤이라고 해두죠
피가 흐르는 무릎을 세워 누워 보세요
더치커피로 닦아 줄게요 이듬이듬 운다고
무릎을 덮은 스타킹을 내리지 마세요
긴 다리가 더 길어져 구부릴 수 없어요
아직도 깊은 밤이라고 해두죠
짧은 목을 가진 개구리가 물갈퀴를 흔들며
돌아오지 않는 엄마를 부르고 있어요
이듬이듬 우는 소리를 듣지 못하는 엄마들은 모두 어디 있
을까
민들레 나물을 기억한다면 어두운 언덕을 넘어 돌아 올 텐데
눈물로 젖은 마스카라를 닦아 줄 텐데
바삭하게 구워진 식빵을 먹으며 혼자 얼굴을 닦아요
손에 묻은 검은 마스카라를 보며 이제는
엄마를 잊어야 할 때라는 걸 알게 되죠
오래도록 배운 방식인데 무언가를 잊어야 한다는 사실은 때
때로 당황스러워요
사라진 엄마를 잊어도 될까요
이듬거리는 머리를 흔들어
곧 과거가 되는 순간을 잊는 것처럼

짧게 지나가는 시간을 접고 또 접어
사각 딱지 안으로 밀어 넣어도 될까요
꼿꼿하게 접혀진 사선의 교차점
오래된 꼭짓점을 꼭 눌러주세요
이듬이듬 반스타킹을 신고 펄쩍 뛰어 오를 때까지

돈가스를 먹어라

이건 그냥 독백이야, 옆집 사는 앞다리살 이라던가 여행 떠난 갈매기살을 탓하는 건 아니야 이 모양 이 꼴로 덮어 씌워주는 습관 때문이랄까

습관 얘기가 나왔으니 말인데 내 뜻은 아니었어, 계란에 양파 즙에 사과에 배에 암튼 알 수 없는 여러 것들과 버무려진다는 사실, 녹신거리는 몸이 별로야 끔찍해

끔찍이라 예전에 그런 일이 있었지 전염병으로 한 부족이 말살되던 일, 내 육신은 다행히 묻히지 않았지만 젠장 파묻힌 엉덩이들이 내 엉덩이를 닮았더군, 퍼런 도장이 찍힌

튀겨진 젠틀한 몸은 격식을 갖추었다고나 할까, 나를 떠난 나라고 한다면 그럴듯하지 포장이 가능하다는 건 내가 아닌데, 그것도 나라는 거지

이건 그냥 일상이야 나도 몰랐던, 그걸 버무린 또 다른 나 공항에서 밤을 새우는 빨간 구두 아줌마처럼 포장이 중요한 나

오므라이스소스가 듬뿍 뿌려진 치즈커틀렛, 카레커틀렛, 오늘은 담백한 원조돈가스를 튀겨 주시지.

오류

지난 밤 꿈의 모자는 세련되고 화려한 직모
정교한 스테인드 그라스 불빛을 등진 갈색의 모자
선뜻 머리에 쓰지 못하고 장식장 안에 넣어두고
쓰지 말아야하는 고요한 꿈속의 꿈의 사실을 믿는다
믿는다는 것이 흑백으로 정리된 책장을 넘기듯
오래된 서고로 사다리를 타고 올라가는 일
먼지가 흩어지고 빛이 분산되는 허공의 손가락을 마주 잡는다
하루가 얼마나 고단한 오류투성인지
길가에 수수알갱이가 말라 버리고서야 알게 되다니
능금이 지나가고 벌판이 말라가고 있다니
노란 네온사인이 반짝이는 횡단보도로
여행 카트를 끌며 종종 뛰어가는
파란 원피스의 종아리가 빛나는 밤이다

봄, 원피스

　파란 원피스에 붉은 꽃이라니 봄비가 직선으로 내리는 창문에 걸터앉아 예의도 없이 내일을 걱정하다니 우울한 브로콜리를 먹으려는 너의 혀가 아삭하게 구워지는 봄비가 내리는 날이라니 붉은 꽃이 핀 파란 원피스가 약국에서 버스정류장까지 파랗게 빨갛게 걸어가는데 불손하게 저녁식사를 걱정하다니 토닥거리는 빗소리가 오늘은 필요해 두 팔 가득 비를 받아 거실로 끌어 들이고 미처 잡지 못한 비들은 허공으로 보낼게 파랗게 빨갛게 지나가는 원피스 자락에 실려 보낼게 오지 않는 버스처럼 지루하지 않게 오늘은 너와 비를 맞고 싶지

잠, 견디기

다리를 건너지 마시오
어제의 나를 밟고 가든지 아직 도착하지 않은 토끼를 데려 가세요
더 이상 토끼는 키우지 않을래요
날카로운 이빨이 번득이는 밤엔
잠을 잘 수 없어요
이빨의 이야기를 듣지 못하는 통합은 있을 수 없죠
어제와 내일이 아직 오지 않은 토끼가
염소와 통합 될 수 있을까요
아버지는 그 해 집을 나가셨고
몹시도 바람이 불었죠
사각거리며 잎들이 뒤집히는 소리를 읽을 수 없었죠
집 나간 토끼가 내일 돌아 온 다네요
소란스런 잎들의 소리를 듣고
멀리서 충충 뛰어 올까요
의욕 없는 매일이 힘겹다고 저수지로 갈 수 없잖아요
표고 앉은 잔치국수를 한 입에 들이켜요
봄이 올 테고 집 나간 아버지도 돌아오겠죠
이빨이 번득이는 밤이 와도
견딜 수 있을 테죠

형식적인 네모의 방에서

직각과 직각이 또 다른 직각과 만나는 지점,
팔랑거리는 귀를 가졌고 조심스런 눈을 가진
여물지 않은 열매 같은 뼈들이 산다
적당히 노래를 부르고 아이리쉬 커피로 목을 축였지만
만나야 할 점들이 많아
아직 멈출 수 없는 기둥의 소리

외로움을 가진 기둥이 더 단단해지는 동안
너는 기울어가는 또 다른 기둥을 받치고

때로 단단함 뒤에 숨겨진 이른 새벽을 만나지
더 이상 직각이지 않고 네모지지 않고
서서히 부드러워지는 모서리를 기대하지
구부러진 모서리는
네모의 방을 지나 흐물거리는 의자를 지나
출렁거리는 흔들다리를 만나질도 모르지
준비되지 않은 너의 아침과 혹은 저녁에
동그랗게 다듬어진 방에서 다리를 펼 수 있다면
짤즈부르크행 기차를 탈 수 있겠지

간단한 문제

 가을은 왜 간단하지 않을까 삼각 김밥 뜯는 방법이 복잡한 것처럼 너와 나와 그는 너무 교묘해 풀 수 없는 문제 일찍 일어나지 못한 아침 들어가지 못한 커피숍 난해한 사각형의 그림 연리지처럼 몸을 섞어 자라는 침묵의 입술 일 더하기 일이 이가 아닌 이유를 네모난 유리창에 쓸 수 있다면 카푸치노 거품 위에 뿌리는 계피를 걷어 먹었지 서점을 갔고 책을 골랐고 몇 줄의 시를 찢었고 울퉁불퉁 돌바닥을 걸었지 종탑을 지나 동전을 던지면 계단을 굴러 양은 냄비 속으로 그 옆엔 조용히 몸을 구기고 헌 책 처럼 누렇게 익어가는 몸이 있어 그렇게 그렇게 인어였던 시절을 잊어가며 꿈을 꾸는 내가 있어 아주 간단한 문제를 풀듯이

무의식의 습관

　달팽이처럼 시간을 말아 웅크리고 살았다 내어 놓은 적 없는 의식은 사철나무처럼 쫑긋하지 않고 두 발은 둥글게 안으로 들어간다 어둠 속 비상구를 찾지 못하고 누구나 빤히 보이는 미로를 헤매는 동안 개미들이 사람이 되는 밤이 되었다 팔자걸음의 습관은 고치기 힘들어 마르지 않은 관념들은 우중충하고 너는 매일 비가 오는 하와이로 여행을 떠난다 높은 곳은 어둡지도 침울하지도 않다 가끔 일어나는 현기증으로 마주친 눈동자 'ㅅ'에서 'ㅈ'으로 바뀔 때 너는 일면식 없는 뒤통수나 출구가 빤히 보이는 미로로 들어 갈 수 있을 테다 오래전 또 다른 내가 숲으로 들어간 이유를 밝힐 수 있다면 휴지보다 더 길고 지루하게 죽어간 나무들을 읽을 수 있겠지 팔자로 걷는 개미들을 따라 더 깊은 숲으로 들어가고 있다

오래된 사춘기

살이 물러지는 동안 귤껍질에 푸른곰팡이가 났어요 멈추길 바랐는데 가끔 그런 식의 신호는 힘들어요 당연히 괜찮을 거야 다른 거 다 썩어 죽어도 너만은 죽지 않을 거야 여름동안 그런 문답을 주고받았지요 당신과 나 사이에 또 다른 그 사이에 밀폐된 유리병을 옮기는 동안에도 곰팡이들은 푸르게 자라고 있었어요 온통 푸른 나라를 알아요 오래전 그 빛을 따라 옮겨 다니던 푸름이 주황이 되고 오렌지 빛이 되는 동안의 기억이 그대로인 것처럼 변하지 않는 사춘기를 보내고 있지요 화단에 일정하게 자라는 팬지처럼 잠시 피었다 먼지를 뒤집어쓰곤 시들어 버려지다 다시 봄이 되면 줄맞춰서 피어야 하는, 해마다 자라지만 자라지 않는 사춘기가 벌써 몇 년 째 지나고 있어요 때로 우산처럼 비를 피하기도 하지만 다시 오는 하루는 죽음을 향한 시간 오래된 습관들일 뿐이죠 끝나지 않을 사춘기를 위하여

균형의 법칙

균형

빛의 속도로 달려오라는 전화를 받은 난 그림자의 속도로 뛰어가며 지나치는 산들이 물렁하다고 생각한다 밤바다가 차갑고 끈적하고 느끼하다고 말하는 입을 꿰매 버리고 싶은 충동으로 아직 그림자는 길고 어두운 바다로 달려간다 지지직 올라오는 삼겹의 냄새는 원초적인 실밥을 터트리는 본능 휴게소는 깜박이고 졸음 쏟아지는 고속도로는 반짝이고

법칙

놀라지 마시라는 속도 표지판 위로 기어가는 전복들 초록 내장을 살살 돌려 먹었다 비릿한 미역 냄새나는 살들이 두두두 피어 오른 순간 아직 달리고 있다 그리움으로 점철된 붉은 머플러는 허공을 넘어 사라지고 싶다고 말하지만 커피가 왜 이렇게 쓸까요 저 모진 바람 때문 이예요 시도 때도 없던 그 목소리말예요 멍한 어둠이 가고 가벼운 바람이 오면 오래된 법칙들은 자라나 투명이 되었다 둘둘 말린 두루마리 휴지의 칸칸처럼

능청

  구겨진 소식들이 꿈틀거리며 책상을 기어 나오다니 저절로 웃음이 터지는 전복처럼 활짝 몸을 벌리고 뜨겁게 몸 바쳐볼까 흰 거품 치고 나오는 바다로 어제의 나를 바쳐 볼까 몸을 불려 끓인 달콤한 죽을 먹는다 여전히 외롭다는 것이 울컥 설레는 바다 앞이다

우울의 법칙

경기를 일으키는 발바닥을 두드려 주세요 산발적으로 부풀기 시작한 거품이 흘러넘치는 저녁은 막아주시고요 오후 내내 쌓였던 바람을 널어놓는다고 세 배는 빨리 바람개비가 돌아갈까요 더 이상 길을 알 수 없다는 내비를 따라 들어선 골목이라고요 비록 막다른 길이지만 안심이에요 저 담 너머의 불안과 확인되지 않는 형체를 만나지 않아도 될 테지요 난간에 발을 걸고 허공을 쳐다보는 지친 우울에게 물어보세요 풀지 않은 숙제를 남겨도 부담이 없다니요 풋내 나는 거짓말이 흘러나오는 방송을 언제까지 들어야 하나요 시도 때도 없이 시작되어 일정하게 쌓여가는 우울의 법칙을 가끔은 정리해 보는 게 어때요

무언의 합의

세상에 나는 없고 너는 있고 트럼펫을 부는 너는 있고 옷을 벗는 나는 없고 오래전 그렇게 쓰여 진 소설을 읽다가 사라진 남자 누더기를 걸치고 코가 긴 남자 한 쪽 눈을 찡긋거리며 맨발로 보도블록을 걷곤 했지 발소리도 나지 않았고 그림자도 보이지 않았지 웅크린 등 뒤로 해가 높이 솟아오르면 꺼억 꺼억 하늘을 보며 해바라기를 했지 기차는 늘 제 시간에 가버리고 코너를 돌아 사라져 버리는 자전거 바퀴들도 멈추지 않았지 *먹는 일도 다그치는 일도 우는 일도 바삐 걷는 일도 모두 부질없는 일들이야 그냥 마저 하늘을 향해* 세상에 나는 있고 너는 없고 해를 향해 나란히 걷는 일은 유일하게 공평한 일

공갈 빵

노릇하게 부풀려진 사건의 기록들이 조금씩 자라나
지금이 두시라니 이게 말이 되는지
엄마가 머리가 두 개였다는 걸 불과 삼일 전 알게 되었는데
네가 가진 쫀드기를 구워 먹을 수 있을까
불량하게 쓰여 진 붉은 글씨를 챙겨주라는 전화를 하다니
불룩 솟은 배가 잠시 웃고 갈 이야기지
초록 칠이 벗겨진 양철 문이 기울어가면
해도 해도 끝이 없는 텅 빈 이야기가 시작되지
공갈공갈 골목을 공갈스럽게 돌아다니는
이미 터져 버린 사랑이야기
소리 없는 손짓으로 비명을 질러도
듣는 사람 없는 믿을 수 없는 달콤하고 아삭한 이야기
비탈길을 구르며 노릇하게 구워지는 저녁
공갈스런 공갈들이 텅 빈 골목을 채우고 부풀어 가는

빙하기

 습관처럼 초를 켜고 문을 잠그고 라디오 볼륨을 높이고 가끔 사랑했던 너를 잊어버렸다
 밥을 먹는 것을 잊었고 전화 받는 것을 잊었다

 혹시 지금이 어느 계절인가요 봄도 아니고 겨울도 아닌 그 사이 어디쯤
 깊은 고독들이 살았고 지독히 집착했던 눈동자들을 심어 꽃을 피웠던

 어쩌면 온전히 누군가 나와 다른 눈동자를 가지고 머리카락을 흔들며
 혹독한 추위를 견디고 있을지도 모르지
 한 여름의 밀림을 서류철에 꽂아두고 먼 길을 떠나가다니

 뒤뚱거리는 걸음으로 천릿길을 떠나는 펭귄들
 아직 오지 않은 또 다른 생을 맞을 준비를 하는 등짝들
 철퍼덕 두드려보는 것이다

읽기 예보

네가 가진 것은 노스탤지어 기차표

태어나자마자 받아든 빛바랜 표식이다

오로지 그 표를 쓰기 위해 오늘을 달리는 너의 발목은

도드라지게 희고 붉고 오목하다

모서리를 관통해야하는 뾰족한 시간

다시 비포장도로를 달려야 한다

여물지 않은 분 꽃씨를 터는 어린 시절의 환상

도대체 변하지 않을 겨울의 습관들

창문을 반쯤 열고 새들을 부른다

알 수 없는 소통은 짜릿하게

두려움의 방식은 둥글게 굴러 올 수도 있지 않을까

오늘은 눈이 흐리니 책을 읽지 마시오

이념은 군더더기 없이 고집스러워

무겁게 읽혀지지 않으므로

예보는 촌스럽게 도착했다

포엠포엠
POEMPOEM

3부

가시가 자라는 방식

뾰족하게 찢긴 살점이 안쓰러워
향락의 시간들을 뼛속 깊이 후회 하는지 묻는 까마귀
까만 물음이 동글 떨어지는 나무 아래로 발을 뻗어야지

안쓰러워 안쓰러워 열매가 웃고 있는데
그게 너를 환영하는 나의 방식
노란 리본을 걸어 두지 않았지만
있는 그대로의 바람을 불러 준비한 용서의 시간

익숙한 방식을 알아보지 못하고 먼 길을 떠나는 울퉁불퉁 등 짝들
오래전 귀하게 자란 사막의 선인장 가시처럼
굵고 뾰족한 습관은 쉽게 잊혀지지 않지

너의 가시와 나의 가시는 평행선으로 자라고
어느 가을이 오기 전엔 만날 수 있지 않을 까

아직 저 강도 건너지 못했는데 여름이 가고 있다

왈칵 쏟아지는 소나기 같은 울음이 여름과 함께 가버리라고 한다면
깊게 말라가는 사막에서 가시처럼 자라나겠다

겹칠 수 없는 눈과 눈

 입술과 입술이 겹치는 찰나 흐려지는 호흡이 두려워 가던 길을 돌아 다시 집으로, 어제 그제 시간을 거슬러 반복되는 안경과 슬리퍼와 반바지, 스웨터 한 쪽으로 흘러내린 머리와 키 높이 운동화 끈을 만지작거리며 겨우 집으로 돌아온 시간 나는 어디에 있을까 적당히 젖은 풀잎과 적당히 벌어진 음식물쓰레기통 절룩거리는 고양이의 얼룩무늬 사이로 흘러 다니는 노래처럼 꼿꼿하게 붉게 타오르는 맨드라미의 수혈은 필요치 않아 웅크리고 돌아누운 각별한 오후일 뿐 나는 어디로 갔을까 벤치에 앉은 꽃무늬 치마에 숨은 어린 눈과 마주침, 살짝 두렵게 혹은 가볍게 흔들리는 눈동자 비스듬히 지나는 바람 숨죽인 고요를 건너는 대체로 웅크린 나 괜찮아 따사롭게 안아줄게 잠시 바람이 지나는 동안 숨을 멈추고 기다려줄게

잠시 머물다

훌쩍 키를 넘어 바람을 타고 지나갈 모자였다
반듯하게 얹혀 차를 타고 비행기를 타고
굽신굽신 세상을 조아리며
성당 종소리에 기도하며 남은 생을 기원했다
붉고 파란 줄무늬의 도자기 위에 걸리거나
갈색 나이테가 지나가는 나무 등걸에 올려 졌을 때
침묵하는 법을 배웠다
고요하게 낡고 주름진 채로 정지하는 것
그 정지가 바삭거림으로 부서져 허공으로 사라지기를,
아스팔트를 달리는 자전거를 타고 흥얼거리며
손을 폈다 오므렸다
손바닥 안으로 들어왔다 나가는 그늘을 읽었다

잉여인간 1

알라딘 중고서점 앞에서 헌책처럼 먼지를 뒤집어쓰고 있었다
기다리지 않은 버스들은 잘도 달려가고
아직 불이 켜지지 않은 어설픈 어둠이 두려워 어깨를 웅크렸다
순간 바람같이 눈물을 흘리며 전화를 하는 여자
훌쩍거리는 등이 한없이 가여워보였다
가여움도 잠시 골목을 휘젓는 빈대떡 기름 냄새에
허기를 느끼며 코를 벌름거리는 사이
다리 저는 노인이 허리 굽은 노인을 부축하며 지나간다
뒷모습이 천천히 작아진다

모두가 지나가고 지져지고 사라지는 오후
흑백 영화 속에 덩그러니 서 있다
뿌옇게 늙어가는 헌 책처럼

웅크린 외투에게

통인 시장 전집으로 웅크린 외투 하나가
흔들리는 비닐 문 안으로 사라졌다
그랬었다, 저 웅크린 외투처럼 슬픔이 더 이상 슬프지 않을 때
오히려 마음이 편안해진다는 걸 눈물에 중독되고서야 알았다
짓무르고 부은 눈으로 아침을 맞고 밥을 먹었다
때로 육체가 짐 덩어리가 된다며
마음을 꺼내서 죽을 수 있다고 했던 외투의 말을 떠 올린다
오늘은
틈이 생겨 바람이 숭숭 들어오는 낡은 집이
헐렁하게 웅크린 저 등을 기다린다는 것을 말해주어야 겠다
뿌옇게 습기가 오르는 문을 밀고 들어간다
바람을 둥글게 말아 쥐고 있는 비닐문 안의 외투를 위해
자글거리며 생선조림이 졸여지고 있다

시금치 한 젓가락을 집는다
우리 더 살아야 되지 않겠나
솔직히 말하고 싶은 밤에는 아삭거리는 시금치가 제격이다

대추나무

거짓말처럼 살고 싶지 않아 솔직한 나무를 심었다
껍질이 갈라지고 패여 나가도 솔직하니까 살아남겠지
그늘이 길게 마당을 덮어
구부러진 무릎을 기어 올라와 빛을 가려도
그게 너의 사랑하는 방법이겠지
그 날 밤새 그치지 않는 비를 맞으며
어두운 적막과 함께 서 있었다
바람의 방향에 따라 몸을 맡기고 흔들렸다
깊이 수그리다가 허공으로 가지를 치켜세우고
혹독한 번개를 맞았다
오롯이 몸으로 관통하는 빛을 받아냈다
고요한 시간이 갈라진 몸통 사이로 지나간다
그 길은 오래도록 늙어가며 단단해 질 것이고
있는 그대로의 바람을 읽을 것이다
다시 좌우로 가지가 흔들린다

비스듬히 누운 책 한권

 책을 읽는 나무가 있다 연약한 가지 두 개를 휘적이며 다니다가 잠이 들곤 한다 물을 먹는 대신 책을 읽는다 노래를 부르다가도 문장을 읽는다 그에게 문장은 무엇인가 외로움이고 상처이고 생이고 죽음이요 탄생이다 무릇 다시 일어날 것이다 죽기 위해 오래도록 걸어 왔고 다시 길을 걸을 것이다 홀로 낯선 거리를 걷다가 돌연 마주치는 맨드라미를 기억해라 어느 책에도 나오지 않는 친숙하고 품위 있는 오래된 붉은 쪼글거림 붉다거나 친숙하다는 것은 가끔씩 써보는 누구나 품어 봄직한 문장 모른다는 것보다 더 짜릿하게 익숙해서 어쩌면 무감각 할지라도 대면해야하는 오늘

돌아가기

동그란 창으로 동그랗게 하늘이 지나간다
어쩌면 우리는 오래된 등나무 굽어진 허리나 비뚤어진 어깨
더 이상 펼 수도 없는 저녁
스산한 바람을 맞으며 건강하게 늙어가야지
팽팽한 허벅지의 여자를 마주하고
백 만년 만에 걸어오는 뜨거운 더위와 인사를 해야지
조개껍질을 묶어 걸어둔 여름을 꺼내서
불룩 튀어나온 무릎 뼈에 걸어두고
밤새 모닥불을 피우고 바람 속을 걸어가야지
쉬쉭 숨소리가 길을 밝힐 테지만
나무에 걸터앉은 아직 익지 않은 종아리를 사랑해야지
오늘은 어설프게 사랑했고 두근거렸음 이라고 일기장에 쓰고
동그랗게 몸을 말고 동그란 하늘을 향해 누워본다

도대체 잠이 오지 않아

때로 견뎌야 하는 시간이 필요해
어쭙잖은 어깨를 들어 창을 내야한다면
어느 쪽으로 새를 부를 것인가
오래전 고요한 습관을 키우는 버릇이 있어
소나무 밑을 돌며 부르던 노래
외로움이 자라나는 그 밤에는
술잔을 들어 경배를 드리지
홀로 있다는 것이 위로가 되는 밤
나는 물구나무서기를 하고 싶지
거꾸로 세상을 보는 시원함을 알고 난 후
바로 걷기 불편한 밤이 자주 오곤 해
나른한 몸을 잠시 쉬어도 되겠지
날아간 새가 돌아 올 때까지 기역자로 꺾어져
소나무 밑에서 잠을 청해야겠어

심연에 대한 상상

　어두운 밤이었고 발가락 사이로 가벼운 바람이 꿈틀거리며 지나간다 건조한 밤들을 건너는 중이니 잊혀진 계절의 영상도 검게 그림자로 자막 처리되고 채 벗지 못한 외투를 허공에 걸어둔다며 어디쯤 못을 박아야 할까 1+1+1=1 이라는 교리를 떠올리며 발가락 사이의 물컹함을 견디는 것은 잔잔하게 울렁거리는 파도를 품고 있는 납작 엎드린 넙치의 일일까

　고요한 물 위를 걷는 눈동자 반들거리는 침묵은 어제 오늘의 이야기 누구도 듣지 못하는 깊은 바닥의 울림 너 어디 있느냐 실체 없는 오독거림은 오늘의 묵상, 범접할 수 없는 거리에서 시작되는 너와 나의 이야기

변명

　현명한 대나무가 있다면 곧게 자라지 않았을 테지 둥글게 자란 마디를 좌우로 꺾어가며 바람을 따라 자라났을 텐데 서로 부둥켜안고 몸을 꼬아가며 허공을 뚫고 자라나거든 들숨 날숨 함께 호흡하는 애인을 초대해야지 바람에 비비대는 잎들의 소리를 귀 기울여 들을 줄 아는 애인 오랜 습관을 앨범에 꽂아두며 두고두고 쓰다듬을 줄 아는 애인 비바람에 우산이 날아가도 웃으며 비를 맞을 수 있는 애인 하나 갖고 싶지

오늘의 고백

　오늘의 창문에 대해 생각한다 오래된 너의 창문은 소리도 나지 않고 뒤틀리지도 않았다 녹슬어 붉은 빗물이 흘러들어도 소리 지르지 않았다 새들이 유리를 쪼아 문을 두드려도 묵묵히 등을 내밀었다 어떤 날은 꿈을 꾸라는 바람의 포옹이 더 이상 따뜻하지 않고 손 내미는 나무 가지를 잡고 싶지 않아 투명하게 때로 뿌옇게 가만히 있는다 가슴의 통증을 느끼나요 의사의 물음엔 답이 없어 처방전 없이 약국 문을 열었다 오래된 약 말고 신상품으로 주세요 요즘 유행하는 외로움 타는 약 혼자 있어야 잘 수 있는 그런 약 왜 창문이 반짝여야 하는지 열어 줘야 하는지 때로 흔들려도 버텨야 하는지 배운 적 없어도 반짝이는 약
　알약 세알을 털어 넣는다 지금부터 어색하고 지루한 오후를 지나야 하고 그림자를 길게 늘여 밤을 보내야 한다 저 구부러진 가로등을 향해 인사를 한다 예의 바르고 깊게 오래도록 허리를 굽혀야 할 때다

여름이 간다

똑하고 부러진 네 번째 발가락뼈가 꿈틀 거린다
어제부터 그제부터 혹은 오래전 어느 때부터
또각또각 부러져 왔을 뼈들을 떠 올린다
한 마디씩 똑 똑 떨어져 나가는 경쾌한 리듬을
음표로 받아 적으며 살았다
곡을 붙이고 노래를 부를 때
흐느적거리는 드레스 사이로
부러진 어제의 뼈들은 춤을 추었겠지
담배도 피지 않았고 술도 마시지 않았어요
그런데 오늘 내 뼈는 왜 부러지는 건가요
톡톡 무릎을 망치로 두드리며 의사는 말했죠
침착하게 부러지는 소리를 세어보세요
아직도 부러질 뼈들은 널리고 널렸죠

병원을 나오니 비가 오네요
모자를 쓰고 스텝을 밟으며 빗속을 달려 볼까요
수많은 뼈들이 걷거나 뛰고 있어요
상점을 들락거리는 사이
유년의 뼈들이 부러졌다 붙었다하는 사이
여름이 그렇게 가고 있네요

책상의 결핍

둥글게 말하지 마시오, 목련처럼
온 몸을 말아 오므린 절규는 들리지 않아
절박한 경계는 위태롭게 한 저녁을 지나고
보리차를 책상 위에 놓아두는
끝나지 않은 너의 습관
목이 말라오는 밤이 오면
허공을 기어오를 만한 긴 다리를 가진
붉은 책상을 목련 나무 아래 걸어두시길
절박함이 절박하지 않은
오그라진 슬픔을 견딜 수 있는 것은
어젯밤 남겨놓은 찬밥덩어리
슬픈 데로 우중충한 데로 저 가지가 흔들리는 데로
흘러 가야하는 것이 더 허탈한 것은
아직 오지 않은 죽음
빛의 속도로 정지한 사각의 침묵

사이의 이야기

　고래 힘줄과 새우등 사이에 흐르는 발라드 주파수가 맞으면 결혼도 할 수 있고, 포크와 나이프 사이에 앉은 손가락들이 분주히 움직이며 입맞춤을 할 수도 있겠지 아직 잠을 자는 두 다리를 흔들어 보던지, 철길이었다가 참기름 분쇄기가 되어 버린 어린 시절의 이야기처럼 예의바른 포장은 버려두어도 좋지 신발을 집어 던지며 휘청 파도 속으로 뛰어들고 싶지만 막사발에 담긴 고춧가루 빠진 콩나물국을 들이키며 꺼이꺼이 울고도 싶은데 염소도 아닌 나는 아직 풀을 뜯는 법도 배우지 못했는데 해가 기울어 가면 어쩌나 백년 만에 다시 헤어져야 하는 코스모스처럼 몸을 움츠리는 저녁이면 끝나지 않은 너의 이야기들을 계속 들을 수 있을까 긴박하게 벌어져 가는 사이, 사이의 이야기들을 어떻게 기록할 수 있을까

　고 무 줄 처 럼 질 긴 팽 팽 한 기 억 놓 아 야 지 완 성 되 는 사 이 의 이 야 기

포엠포엠
POEMPOEM

4부

이발사의 다리
— 체코 체스키

 다리 밑에서 물을 뿜어대는 금발 소년의 목소리를 따라왔다
 이발사의 다리 위, 당신과 나는 경쾌한 바이올린 음을 따라 춤을 춘다
 오 백 년 쯤 전에 낡은 모포를 쓰고 돌다리를 건너
 성으로 올라가는 당신을 본 것 같아요
 타닥타닥 발소리들이 들리나요
 바람을 묶어두고 하늘을 바라보며 견뎌온
 이끼 낀 돌들이 다리를 지켜왔어요
 둥그런 창을 개울로 내고 동그랗게 몸을 말고 책을 읽는 여인
 골목 귀퉁이 골동품 상점의 늙수레한 주인이었을지도 모르지요
 빨라지는 바이올린 리듬을 들으며
 눈을 감고 잠시 허공을 읽어 내리는 사이 그늘이 길게 다리를 덮는다
 비탈진 성으로 오르는 길엔
 둥그런 창을 따라 둥글게 나무가 자라고 있다
 부엉이 간판을 지나 계단을 타고 오른다
 뜯어진 나무문 사이로
 먼 옛날의 또 다른 나와 마주칠 것도 같아
 슬쩍 고개를 돌린다
 돌 틈 사이에 핀 민들레 옆으로
 쑥쑥 자라는 발바닥들이 성을 오르고 있다

벚꽃나무 아래 서랍장

순복음 온누리 교회 봉고차가 사랑의 밥을 퍼주러 가는 사이
벚꽃이 지고 있었다
담벼락을 기어오르던 냉이 꽃도 시들어 가고
어제 오늘 모인 음식쓰레기통 위로 고양이가 올라탄다
지는 벚꽃 아래서 오단 서랍장은 열렸다 닫혔다
레일이 고장인지 서랍이 어그러졌는지
오며가며 손들이 만지작만지작
그 위로 떨어진 꽃잎들이 흩어졌다 모였다 소란스럽다
서랍이 덜컥거렸는지 물러진 심장이 흔들렸는지
사랑의 밥을 푸러 간 봉고차는 아직 오지 않는다
서랍장 그림자는 길어지고 하얗게 웃는 벚꽃이 화들짝
바람에 흩어진다
목을 길게 빼고 이삿짐들이 오르내린다
오늘이 또 이렇게 가고 있는데
사랑의 밥 차는 아직 돌아오지 않는다

붉은담벼락 담쟁이

담을 오르는 일은 혹은 떨어지는 일은
피를 쏟는 일
어제와 결탁하고 어금니를 깨물며
비밀스런 보호구역으로 들어서면
침묵은 붉음으로 번지고
너는 울어버리고
긴 다리를 들어 허공을 차며
붉게 툭 흔들리고 마는 시간을 견뎌야 한다
어쩌자고 긴 밤을 지나 맨드라미를 지나
고독한 담벼락을 지나 거기에 매달렸나
어제의 웃음과 눈물이 뒤범벅되는 순간이 있었다
침묵을 강요받았던 아련한 그림자
다부지게 씹어 넘기며 소란스러웠던 것들을 떠 올려라
대체로 고통스럽거나 대체로 말라버린
퍼즐 조각처럼 흩어져 사라진 수많은 언덕

소극적인 붉은 손짓이 놀이터 화단을 따라
붉게 번지는 이유를 생각해본다

늙은 광대

붉은 코가 늙으면 어떻게 될까
주름 사이로 흘러 들어가 굳어버린 콤팩트
누런 살이 되거나 각질이 되어버린 또 다른 상처
슬픔이 가기 전에 또 다른 아픔으로 덮어버린 시간들
막다른 골목을 들어서는 것처럼
막막함에 길들여지지 않은 날은 울었고
아팠고
무너졌지
너덜너덜해진 심장을 꿰매고 감싸는 일은
홀로 견디는 어두운 밤길
낯선 짐승의 울음을 들으며
홀로 숲을 지나는 것처럼 아득함이라니
노래를 부르며 구부정한 등을 데우고 싶은 저녁이 오는데
아직 준비되지 않은 늙은 광대의 심장을
어떻게 위로 해줄까

가우도 출렁 다리

양지 바른 곳에 묻어 주세요
바람이 부는 곳 말고 볕이 들어 풀이 잘 자라는 곳으로,
흔들다리를 건너 바람을 등에 지고 걷는다
고목과 잡초와 동백이 스스럼없이 뒹굴고 있다
잡초들이 자란 폐교 놀이터 앞에
더 이상 쓰레기를 이 섬에 버리지 마세요
낡은 글씨는 흑백으로 흔들리며 바다를 보고 있다
안내판 옆에 쭈그리고 앉았다
누군가는 아침 밥상을 차리며 종말을 논했을 것이고
누군가는 덜 익은 콩나물을 무칠 것이다
바람이 불고 배가 지나간다
저 배와 안내판 사이에 앉아있다
가늠할 수 없는 거리를
매일 바람이 지나간다
빨간색 등산복을 입은 여자와 남자들
다리를 건넜다가 다시 건너오고 있다
다리가 흔들린다
오늘은
저 다리를 지나 오래도록 걸을 것이다

향기별가가미*

풀밭에 누워 땅의 심장 소리를 들으며 어제의 이야기를 하고 싶다
딸기잼이 너무 소란스러웠는데 너는 어떻게 깨를 볶았니
지난번 후벼 팠던 심장은 누가 다독여 주긴 했는지
가지 사이를 돌던 고독이 바위틈에 뿌리 내리는 동안
너는 붉게붉게 성숙한 여인이 되었고

어디에도 없는 정의로운 치유방식을 배우고 싶다
자작나무의 정직함을 읽고 가방을 버릴 수 있는 결심
돌멩이의 침묵을 들을 수 있는 세 갈래의 촉수를 가지기
죽을 때 손을 놓을 수 있다던 너의 그 말이 진심이라면
우연을 가장해서 뿌리내린 나무의 향을 겸손하게 맡을 수 있겠다
고요한 고요가 있고 적당한 습기가 머무는 곳
엎드린 허공에 새들을 불러 헛헛한 가슴을 채워야지
오래도록 납작하게 살기를 당부하는 집안 내력
땅의 심장소리를 따라 더 낮게 더 낮게 손을 뻗는다

*지피식물의 한 종류

잉여인간 2

　방관자처럼 살지 말게나 아직 일어나지 않은 현실을 피 할 수 있겠나 뜯어진 영화 대사처럼 듬성듬성 잘린 당신의 머리를 신발 벗은 철학자라고 말하지 말게나 어설프고 애매한 이념을 멋있게 포장한다고 진주 목걸이라 생각지 않는 것처럼 아직 당신과 벤자민과 대추나무는 번개를 맞은 적 없어 두려운 상실의 슬픔이 부끄럽다는 상상을 하곤 하지 시대의 외로운 고독을 사랑한 경사진 계단 밑 지하에 웅크리고 있을 맬랑꼴리한 보드카 한잔과 이바노프를 떠 올리는 것이다

무좀 1

좁혀지는 구멍에 말라가는 민들레가 살고 있다면 노란 향기를 눌러 짤 수 있지 옛날 맛집을 찾아보세요 배다리 막국수나 숭의동 밴댕이 집 눌러 붙은 파리똥이 질겅거리는, 가끔 누런 종기가 터져 골목을 뒤덮는 장마에는 신포동 칼국수가 생각나지요 어젯밤 가려운 바닥을 긁는 동안 시간이 겹쳐진 염증들이 불쑥 터지곤 했는데, 못 다한 이야기들은 시멘트 담을 넘어 붉은 스레드 지붕위에서 말라가고 있지요

소설

　이야기 하나 알아요 소설 같은 이야기 진실을 털어 놓는 것이 기본이라며 솔직한 수다라고 말하는 허르스름한 여자 이야기 높고 낮은 담을 넘어 아프리카로 숨어들었어요 모두 까만 어둠처럼 벽에 붙어 있었는데 하얗게 웃고 있었어요 하얀 접시꽃처럼 봄이 지나가는 것처럼 돌아 나올 수 없었거든요 그저 살아 보기로 했지요 언젠가 검게 하얗게 나도 웃게 되지 않을까 비도오고 눈도 오고 더위도 지나고 찬바람도 지나는 동안 고요하게 나무 아래 서 있었어요 졸음이 올 때도 눈을 부릅뜨고 날아다니는 새들을 쫓았어요 여러 밤낮이 지나는 동안 새들이 짝이 되어 날아다니며 깃털을 흔들어대도 더 이상 설레지 않았죠 오늘은 포근하지도 차갑지도 않은 이불을 덮었어요 긴 꿈을 꾸는 시간이라나요 서서히 불이 꺼지고 하얗게 웃지도 못하는 나는 새로운 이야기를 쓰러 떠나야 할 시간이 되어 버렸어요 그러나 다행이예요 아직 내게 할 이야기가 남아있다니 새로운 이야기를 쓸 수 있겠죠

무좀 2

  매번 그런 식은 곤란하지 벌어진 구멍의 이야기 흘러내리는 솔직함이 거추장스러워 너의 소식은 바람처럼 떠돌다 짧게는 하루 길게는 일주일 집요하게 긁어대면 고단한 노고가 진물로 흘러내리지 어젯밤 노크를 했어요 열리지 않더군요 매번 그런 식은 곤란해요 어쩌다 한 번은 들여 보내주세요 가려워서 외롭다는 말을 들어 본적 있는지 삭기 시작한 살들이 부서지면 엄지와 검지 사이를 지난여름의 습관들이 고스란히 흘러내리고 발바닥 틈을 비집고 불쑥 그리워지면 까다로운 목소리가 들리는 것이다 어차피 접어두어야 하는 약속이라면 늦은 저녁 천천히 돌아가 직면하는 것인데 너도 아니고 나도 아니라면 여기까지

날개 달린 의자
— 제주 일민 미술관

굽은 등을 세우고 날개를 펼친다
주름진 날개 아래로 녹물이 흘러 시멘트 바닥에
붉고 둥글게 얼룩이 생겼다
화살표처럼 길게 흘러간 얼룩이 바다를 향해 있다
바다를 바라보는 남자의 뒷덜미처럼
폭풍을 기다리는 고깃배처럼 혹은
벼랑 끝에서 치고 오르는 파도를 견디는 것처럼
천천히 얼룩이 흘러가고 있다
너에게 주어진 시간을 잘 버티어 왔으니
이제 날개를 펴도 되리라
아득하고 뿌연 안개를 걷어내고
파도를 맞으러 일어나도 되리라
모서리 끝에 달린 네 겹의 날개를 펼쳐
유리를 박차고 날아올라도 되리라
해가 지지 않았고 아직 바람이 오지 않았으니

드레스덴 가는 기차

드레스덴 중앙역을 향해 지루한 여름이
파란 초록 검정 눈동자들과 달린다
창밖으로 싱싱한 하늘이 지나가고
졸음을 쫓는 이야기들이 쏟아진다
페루에서 왔어요
이 더위처럼 느리고 긴 나라예요
말똥말똥 웃음소리로 끌고 온 바람을 펼쳐 놓는다
까만 머리와 모자와 가방과 부채가
굽어진 산허리를 돌아간다
허리를 돌리며 바람을 맞는 나무의 일처럼
굽어지고 굽어져도 아직 더 굽어져야한다면
자전거를 타고 언덕을 오르는 남자의 욱신거리는 등줄기를
향해 파이팅을 외치자
너와 나와 그는 덜컹거리는 철로를 올라탔고
굽어질 데로 굽어진 길을 견뎌야한다
덜커덩 철로가 굽어지고 있다

기다리기

'무의식을 읽어보시오'
'꿈은 꿈일 뿐 현실을 받아드려요'
오래된 꿈을 해몽해 드려요
밤 새 불 켜진 편의점 옆에 비스듬히 매달린 간판을 지난다

밤새 머리를 잘랐어요
사각거리는 가위 소리에 잠이 깼지요
잘린 머리카락이 방바닥을 헤매는 동안
탈골된 뼈마디는 조각조각 흩어졌지요
밤마다 나를 떠나는 나는 어디로 갔을까
정신을 차릴 수 없는 어느 지경에 도달하면
오징어를 구워 먹겠다고 했다는데
했다고 말한 나는 누구인가요
오늘 밤 몸을 지나는 몇 억 개의 호르몬을 읽어보세요
나를 지배하고 있는 흔한 일상이지요

582번 버스는 10분 후 도착
87번 버스는 곧 도착

네팔 이야기

침묵

세상을 소란스럽게 울리는 소리가 있을까 점잖게 뇌쇄적인 불경 소리를 듣는다면 귀로 흐르는 진물이 복음이 될 터인데 하얀 목을 뒤로 젖히고 목젖이 보이도록 웃어대는 국적모를 소녀의 웃음소리만큼 가볍고 발칙해서 도통 탑을 도는 발걸음에도 불경이 얹히질 않으니 스무 바퀴를 돌아 그 자리에 선 붉은 장옷의 라마 등 뒤로 비둘기 떼가 날아오르며 불경을 읊는다 옴마니밧메홈 옴마니밧메홈 경전을 스치는 손가락에도 복을 내릴 지어다 깊고 까만 눈동자로 리어카를 끄는 저 가는 손가락에도 옴마니밧메홈

촘롱의 계단을 오르며

나마스떼 인사가 입안에서 맴돈다 소리가 되어 나오질 않는다 이 계단이 언젠간 끝나겠지만 여기는 어디쯤인가 스틱이 다리가 되어 네 발로 기는 내 몸을 힘겹게 옮긴다 하루에 열두 번 마음의 소리를 듣는다 멈추자 힘들다 지친다 언제 끝날까 한 무리의 당나귀가 지나간다 등에 진 짐이 출렁 계단을 오른다 이 길을 걸어간 수많은 발들의 소리가 들린다 다 힘들었지 모두 지쳤었지 힘을 내라 너의 발도 수많은 자국 중 하나가 되는 중이지 그저 지나가는 바람처럼 저 흔들리는 당나귀 발목처럼 비틀거리는 길을 잠시 지나는 중이지

너의 미래

쏟아지는 별들의 이야기는 아니었지 얇은 판자 사이로 들리는 목소리 별처럼 잠시 반짝이던 시간들을 늘어놓으며 잠을 청하는 사이 나의 지금은 어제가 되고 과거가 되었지 침낭에 말린 팔 다리를 흐느적거리며 기다린 아침 달콤한 꿈처럼 부풀어 오른 차파티를 뜯어 먹었지 과거로 가는 어느 길목을 지나며 둥글게 부풀었던 순간을 떠 올리겠지 담백한 수다를 떠 올리며 침을 흘리겠지 지나온 기억 없는 길들이 단단하게 내 몸에 붙어 있겠지 다시 한 번 돌아오라고

아씨씨로 가는 길

    시멘트 사이로 민들레가 자라는 회색의 기차역 초록 칠이 벗겨진 나무문을 지나니 한 쪽 눈을 찡긋거리며 활짝 웃는 아저씨가 반겨준다 이제 왔군요 오래도록 기다렸어요 저 언덕을 넘을 건가요 버스는 힘들어요 택시를 타세요 이 얘기를 하려고 여지껏 기다렸지요 어쩌면 당신과 나는 지금 이 순간을 위해 먼 길을 돌아 왔는지도 모르겠네요 이제 먼지를 털고 땀을 닦고 해를 향해 걸어요 혼자가 아니에요 백 년 동안 기다린 플라타너스와 허리를 구부린 소나무가 보이나요 길게 웃음소리를 내보는 건 어때요 바람과 구름과 나무와 붉은 담벼락이 당신을 바라보네요 고요하게 웃는 당신을 환영합니다 이제 당신의 이야기가 시작되는 거예요

    저 높은 언덕 위 하늘을 보며 걸어가야 한다
    한 걸음 한걸음이 이야기가 되는 아씨씨로 가는 길
    먼지와 자갈이 뭉그러지며 해바라기가 노랗게 고개를 주억거린다

카트만두 소년에게

좁고 복잡한 골목을 날아다니는 유쾌하고 슬픈 이야기
둥근 헤드셋으로 귀를 막고 흰 남방을 날리며
작은 어깨를 씰룩이고 낄낄거리며 달리는 눈동자
낡은 자전거가 낡은 골목을 빛나게 달려간다
삐딱하게 아슬아슬하게 사람을 지나고 오토바이를 지나고
자동차를 지나 흑백의 담벼락에 숨을 불어 넣는다
성전을 들락거리며 비둘기를 몰아대는 신성한 바퀴들
둥글게 말린 1달러 지폐를 향해 신나게 달린다
어디로 가는 걸까
히말라야 만년설을 향해 날아올라도 좋을 텐데
높고 파란 하늘에 너의 옷깃이 닿기를
허름한 슬리퍼의 상처가 단단하게 아물기를
까만 눈동자에게 말하지 못했다

오래도록 너를 위해 기도 할게
나마스떼
나마스떼

가시가 자라는 방식

포엠포엠
POEMPOEM

해 설

달콤한 상실을 감내하는 자의 독백

― 조연수의 시 세계

정 훈 (문학평론가)
1971년 경남 마산 출생
부산외국어대학교 국문학과 졸업
2003년 부산일보 신춘문예 평론 당선
저서 『시의 역설과 비평의 진실』 등

■ 해설

달콤한 상실을 감내하는 자의 독백
- 조연수의 시 세계

정훈(문학평론가)

    전근대의 공동체사회가 무너지면서 단자화 되고 객체화가 가속되어 오늘에 이른 현대인은 그 누구보다도 상실의 위기를 겪고 있다. 고독이나 외로움이라는 간단치 않은 감정 상태뿐만 아니라 이 세계에 홀로 남겨졌다는 위기감과 어느 누구도 자기에게 위무의 말을 온전히 건네지 못하리라는 절망감이다. 현대인이 실감하고 있는 이러한 소외감은, 사실 정체성이 흔들리는데서 찾아오는 존재의 위기와도 관련이 크다. 지난날 거대담론이나 거대서사의 붕괴로 말미암아 존재의 위기는 더욱더 증폭해졌다. 따라서 오늘날의 시가 이전보다 왜소해졌다는 느낌은 일면 타당하기는 하지만 전적으로 그 진단에만 기댈 수는 없는 노릇이다. 왜냐하면 그만큼 실존에 대한 시적 탐구와 실험은 더 깊어졌기 때문이다.

조연수의 시는 형식적으로만 보았을 때 모더니즘의 전통에 충실하다. 이른바 전통 서정시가 보여주었던 세계와 자아의 동일시를 비트는 시적 세계라든지, 일종의 냉소적이면서도 삶을 바라보는 시선을 스스로 의식하면서 한 발 물러나 객관적인 포즈를 정립하려는 시도가 보이기 때문이다. 시인에게 일상은 일관된 서사가 아니라 파편적이고 일그러진 정물로 다가온다. 일상이 구부러지고 또한 거기에서 배태된 사유와 정서에 일관성이 결여되어 불연속적이고 질서에 균열이 생긴다면, 시인이 현실세계를 겨냥하고 진단하는 시적 세계에 그 실마리를 찾을 수 있을 것이다.

현명한 대나무가 있다면 곧게 자라지 않았을 테지 둥글게 자란 마디를 좌우로 꺾어가며 바람을 따라 자라났을 텐데 서로 부둥켜안고 몸을 꼬아가며 허공을 뚫고 자라나거든 들숨 날숨 함께 호흡하는 애인을 초대해야지 바람에 비비대는 잎들의 소리를 귀 기울여 들을 줄 아는 애인 오랜 습관을 앨범에 꽂아두며 두고두고 쓰다듬을 줄 아는 애인 비바람에 우산이 날아가도 웃으며 비를 맞을 수 있는 애인 하나 갖고 싶지

― 「변명」 전문

대나무에 대한 선입견, 즉 올곧고 바르면서 강직한 이미지는 시인에게 부정된다. 기존의 통념을 거부하는 데서 현대시의 시적 전략이 탄생한다면 위 시가 그 반증이 되는 셈이다. 시인은 곧게 자라지 않고 "둥글게 자란 마디를 좌우로 꺾어가

며 바람을 따라 자라"나는 "현명한 대나무"의 이미지를 창조한다. 그 이미지는 이를테면 "비바람에 우산이 날아가도 웃으며 비를 맞을 수 있는 애인 하나"로 확장된다. 이질적인 소재가 자연스럽게 결합되어 묘한 시적 분위기를 창출한다. 구부러진 대나무를 상상하는 시인의 관념이 애인에 대한 존재로 전이하고 치환하는 시적 경로에서 극적인 방향 전환을 발견하게 된다. 이 전환의 계기가 되는 진술이 "서로 부둥켜안고 몸을 꼬아가며 허공을 뚫고 자라나거든"이다. 이 가정형의 시제는 시인이 창조하려는 시적 세계로 진입하기 위한 상상의 마디다. 현실의 여러 습속과 관념들을 밀쳐내고 새로운 세계로 도약하는 언어의 받침대다. 조연수의 시는 낯설고 이물스러운 현실에 대한 일정한 거리두기와, 이 거리두기에서 상상의 세계로 직핍해 들어가는 과정에서 배태되는 이미지들의 조합으로 가득 차 있다.

방관자처럼 살지 말게나 아직 일어나지 않은 현실을 피할 수 있겠나 뜯어진 영화대사처럼 듬성듬성 잘린 당신의 머리를 신발 벗은 철학자라고 말하지 말게나 어설프고 애매한 이념을 멋있게 포장한다고 진주 목걸이라 생각지 않는 것처럼 아직 당신과 벤자민과 대추나무는 번개를 맞은 적 없어 두려운 상실의 슬픔이 부끄럽다는 상상을 하곤 하지 시대의 외로운 고독을 사랑한 경사진 계단 및 지하에 웅크리고 있을 멜랑꼴리한 보드카 한잔과 이바노프를 떠올리는 것이다
―「잉여인간 2」 전문

이번 시집에 실린 대부분의 시편들처럼 「잉여인간2」 또한 분명한 의미체계를 지향하지 않고 분산되고 파편화된 의미들이 곳곳에 박혀있다. 즉 메시지가 불분명하다. 의미를 종잡을 수 없는 거의 대부분의 현대시는 언어와 이미지의 나열 및 배치에 강조점이 형성되어 있다. 「잉여인간2」에서 보게 되는, 왠지 어둡고 스산한 정조를 더욱 그로테스크하게 만들어주는 것은 아마도 시에서는 확연히 드러나지 않은 화자話者의 어조와, 화자의 권유형의 물음에 상응하는 평서형의 문장일 것이다. 혹은 "뜯어진 영화대사처럼 듬성듬성 잘린 당신 머리"가 나타내는 기괴하면서도 비현실적인 이미지다. 그런데 이 작품에서 초점 화된 강력한 이미지는 "상실의 슬픔"이다. 시의 제목이 말해주듯 중심부에 진입하지 못한 한 존재의 잉여성에서 비롯하는 존재의 고독이 시의 테마로 자리 잡게 되는 것이다. 무엇이 존재로 하여금 상실감을 안겨다주었을까.

> 난간에 발을 걸고 허공을 쳐다보는 지친 우울에게 물어보세요 풀지 않은 숙제를 남겨도 부담이 없다니요 풋내 나는 거짓말이 흘러나오는 방송을 언제까지 들어야 하나요 시도 때도 없이 시작되어 일정하게 쌓여가는 우울의 법칙을 가끔은 정리해 보는 게 어때요
>
> 　　　　　　　　　　　　　　　－「우울의 법칙」 부분

상실한 것은 되찾을 수가 없다. 잃어버렸기 때문이다. 그런데 문제는 그 잃어버린 것이 무엇인지 애초에 찾기가 난감하

다는 점일 것이다. 이것이 바로 현대인이 온몸으로 체감하고 있는 상실이요 좌절이요 절망이다. 「우울의 법칙」에서 "시도 때도 없이 시작되어 일정하게 쌓여가는"것으로 시인이 정의 내린 우울함이 궁금증에 대한 힌트를 줄 수 있을까. 즉 그것은 시도 때도 없이 찾아오는 우울과도 같다. 그런데 시도 때도 없이 찾아오는 게, 저도 알게 모르게 시도 때도 없이 사라져버리면 좋으련만 쌓여간다. 사실 필자가 방금 진술하는 말은 어쩌면 애먼 소리일지도 모르겠다. 하나마나한 소리다. 그러니 그냥 상실이 있고 우울이 있다. 시인은 밤낮을 가리지 않고 찾아오는 부정적인 정서나 감정들로 말미암아 피로해져가는 존재의 상태에 일침을 놓는다. 이는 "우울의 법칙을 가끔은 정리해보는 게 어때요"란 발랄한 제안을 하는 것으로 나타난다. 그런데 화자의 경쾌한 어조에 감추어진 어떤 그늘이 있을 법도 하다. 언어의 아이러니로서 나타난 시의 내부, 그리고 시의 내부에 가려져 있는 시적 정황에 대한 궁금증을 조연수의 작품들에서 찾아보는 일도 의미가 없지 않을 것이다.

다시 말해 조연수의 시는 이리저리 횡단하는 정신의 편력과 이미지들의 고름이 맘껏 떠다니는 부표浮漂다. 떠다니는 것들이 안주하는 공간은 어디에도 없을 것이라고 시인은 말하는 듯하다. 태생부터 우리 모두는 이방인이고, 태생부터 어딘가 모르게 한쪽을 잃어버린 채 살아가는 기형아이다. 조연수의 시는 거기에서부터 시작한다. 영문도 모르게 앓기 시작한 상실과 우울은 그것 자체로 이미 존재의 무게로 우뚝 서 있다.

존재가 이미 품고 있는 긍정적인 요소들이 사라진 자리에 폐허가 들어선다. 황무지 같은 또 하나의 세상이 시인의 몸속 가득 부풀대로 부풀어 올라 더는 어찌할 도리가 없는 지경에 이르러 아이러니와 냉소가 시작되는 것이다. 어찌 보면 그의 시 분위기를 주도하는 경쾌한 어조는 세계에 대한 비극적 인식의 전도에서 비롯한다.

> 홀로 있다는 것이 위로가 되는 밤
> 나는 물구나무서기를 하고 싶지
> 거꾸로 세상을 보는 시원함을 알고 난 후
> 바로 걷기 불편한 밤이 자주 오곤 해
> 나른한 몸을 잠시 쉬어도 되겠지
> 날아간 새가 돌아올 때까지 기역자로 꺾여져
> 소나무 밑에서 잠을 청해야겠어
> ─「도대체 잠이 오지 않아」 부분

위 시에서 시인이 고백하는바 "물구나무서기를 하고 싶"다는 진술에서도 보게 되듯 세상을 거꾸로 보고자하는 심리를 숨기지 않고 드러낸다. 왜냐하면 이 세상이 전도되었기 때문이다. 원래 있어야 할 가치와 덕목들이 무늬만 그럴듯하게 나부낄 뿐 실상은 그렇지 않다는 사실은 우리가 실감하는 그대로다. 시의 화자가 "날아간 새가 돌아올 때까지 기역자로 꺾여져/소나무 밑에서 잠을 청해야겠어"라고 희구하는 마음의 이면에서도 정황은 명백해진다. 여기에서 "날아간 새"가 뜻하는 상징이 중요한데, 시인이 작품에서 직접 드러내놓지 않고 있지만 아무래도 지금처럼 뒤집히고 전도되지 않을 때의 세계가 펼쳐진 공간이고 시간이 아닐까. 혹은 시인이 절망하고 좌절하고 상실에 빠지기 전의 건강한 가치를 고스란히 품에 안은 존재일 수도 있다.

싱싱한 새들이 날아간 동쪽은 어디일까 먼저 떠난 자들의 길
은 희미하거나 정직해서 뜨거운 물에 갈라지는 유리컵을 멈추
게 할 수 없지 가을에 번지는 초록의 시간을 떠올릴 수 있는 건
단지 새로운 아침에 시작되었기 때문이야 세상에는 너무 많은
거짓말이 있어 썩어버린 씨앗으로 꽃을 피울 수 있지 바닥 난
통장을 부풀리는 꿈은 아직 유효한 레드카드를 사용할 수도 있
다는데 때로 거짓말이 달콤한 노래를 부르기도 하는 위태로운
오후를 붙들고 있지
- 「거짓말이 위로가 되는 오후」 부분

온전한 세계에서 가식과 거짓이 발 디딜 틈이 없듯이, 거짓이 난무하는 세상에서 지고의 가치는 소문으로만 나돌 뿐이다. 위악이 태어나는 지점이다. 시제부터 심상찮은 위 작품에서 시인은 "세상에는 너무 많은 거짓말이 있어 썩어버린 씨앗으로 꽃을 피울 수 있"다고 진단한다. 썩은 씨앗으로도 꽃을 피우는 것뿐만 아니라 그보다 더한 거짓에도 쉽게 속고, 또한 거짓인 줄도 알면서 일부러 거짓을 수락하는 세계다. 그런데, 조연수의 시에서 타락한 윤리나 도덕에 대한 질타를 찾아보

는 일은 헛수고에 지나지 않다. 시인은 원래 도덕론자가 아니고, 더구나 시적 지평에서 시에 드러난 세상의 윤리적 가치를 저울질하는 일만큼 헛된 일도 없기 때문이다. 그러니까 시인은 세상에서 사라져버린 최초의 도덕률을 아쉬워하는 것이 아니라, 거짓과 위선이 세상을 지배하는 아이러니의 상황을 시로서 조롱하고 풍자하는 것이다. 일상화된 악을 질타하면서 이에 대응하는 시적 전략은 시에서 현실을 비틀고 쪼개는 일이 효과적이다. 게다가 시인이 재구성한 시적 현실에서 언어는 세계를 부수는 유용한 무기가 된다. 언어로 세계를 뒤집고 고발하는 작업은 현대시의 주요한 전략이기도 한데, 조연수의 시에서 그 점을 잠깐이나마 엿볼 수 있다. 조연수 시인만의 방법이 있다면 그건 역설과 아이러니를 통한 세계에 대한 냉소다.

 베지밀을 먹다가 빨간 양말을 신고 현관으로 간다 잠을 자야
할 텐데 새들은 모두 어디로 갔을까 구두를 베고 바닥에 눕는
다 천정이 어둡다 아직 데워지지 않은 타일바닥이 차갑다 따뜻
해지려면 시간이 걸릴 텐데 봄은 언제 오는 거지 어둠의 끝에
는 초록이 번지고 있는데
-「초록으로 떠난」 부분

차가운 타일바닥에 누워 봄을 기다리는 화자의 행동과 심리는 쉽사리 이해하기 힘들다. 즉 일상의 보편적인 행위에서 벗어나기 때문이며, 이 일탈의 행동심리가 전면에 드러나 있어

서 의향을 짚기가 여간 어렵지 않다. 시인이 아이러니를 구사하기 때문이다. 아이러니는 난제를 맞이한 존재가 삶의 명쾌한 해답을 내리기가 여의치 않을 때 구사하는 말과 생각의 전략이다. 자신이 표현하고 싶고 느끼는 솔직한 사고와, 현실 사이에 넘을 수 없는 장벽이 있을 때 인간은 아이러니의 수법을 곧잘 활용한다. 위 시에서 "데워지지 않는 타일바닥"이나 "봄은 언제 오는 거지 어둠의 끝에는 초록이 번지고 있"다는 표현에서 극명해진다. 즉 데울 수 없는 타일바닥이고, 어둠(절망처럼 부정적인 의미로 흔히 쓰는 상징어) 끝에 만나게 되는 희망의 빛깔(초록)을 보면서도 봄을 기다리는 화자의 마음이다. 아이러니는 곧 분리요 분열이다. 시인이 시편 곳곳에 박아 넣은 아이러니와 역설의 잔해는 쉽게 말해 더 이상 화해할 수 없는, 자아와 세계의 단단하고 팽팽한 긴장이 낳은 결과이지 않을까.

조연수의 시가 서로 화해할 수 없는/화해하기 힘든 존재와 현실 사이의 간극을 경쾌한 이미지와 시어로 형상화하면서 지향하는 속내가 있다면 결국엔 생에 대한 긍정적인 감내다. '긍정적인 감내'란 표현은 물론 역설이다. 감내란 말은 고통을 수동적으로 이겨낸다는 의미가 강한데, 이 수동적인 인내가 시인에게 긍정적으로 다가오는 까닭은 어쨌든 영원히 해결할 길이 아득한 세계의 아포리아를 수락하는 일이 먼저이기 때문일 것이다. 즉 세계에 대한 수락이 있은 후에야 그 세계에 대한 시적 전망을 설계할 수 있다. 늘 서걱대듯 다가오는 세상의 표정들 사이에서 시인은 곤혹스러워하면서도 틈새에서 빛나는 희망의 가치를 발견한다.

    가을은 왜 간단하지 않을까 삼각 김밥 뜯는 방법이 복잡한 것처럼 너와 나와 그는 너무 교묘해 풀 수 없는 문제 일찍 일어나지 못한 아침 들어가지 못한 커피숍 난해한 사각형의 그림 연리지처럼 몸을 섞어 자라는 침묵의 입술 일 더하기 일이 이가 아닌 이유를 네모난 유리창에 쓸 수 있다면 카푸치노 거품 위에 뿌리는 계피를 걷어 먹었지 서점을 갔고 책을 골랐고 몇 줄의 시를 찢었고 울퉁불퉁 돌바닥을 걸었지 종탑을 지나 동전을 던지면 계단을 굴러 양은 냄비 속으로 그 옆엔 조용히 몸을 구기고 헌 책 처럼 누렇게 익어가는 몸이 있어 그렇게 그렇게 잇어였던 시절을 잊어가며 꿈을 꾸는 내가 있어 아주 간단한 문제를 풀듯이

-「간단한 문제」 전문

    통인 시장 전집으로 웅크린 외투 하나가
    흔들리는 비닐 문 안으로 사라졌다
    그랬었다. 저 웅크린 외투처럼 슬픔이 더 이상 슬프지 않을 때
    오히려 마음이 편안해진다는 걸 눈물에 중독되고서야 알았다
    짓무르고 부은 눈으로 아침을 맞고 밥을 먹었다
    때로 육체가 짐 덩어리가 된다며
    마음을 꺼내서 죽을 수 있다고 했던 외투의 말을 떠 올린다
    오늘은
    틈이 생겨 바람이 숭숭 들어오는 낡은 집이

헐렁하게 웅크린 저 등을 기다린다는 것을 말해주어야 겠다
뿌옇게 습기가 오르는 문을 밀고 들어간다
바람을 둥글게 말아 쥐고 있는 비닐문 안의 외투를 위해
자글거리며 생선조림이 졸여지고 있다

시금치 한 젓가락을 집는다
우리 더 살아야 되지 않겠나
솔직히 말하고 싶은 밤에는 아삭거리는 시금치가 제격이다
- 「웅크린 외투에게」 전문

시인은 "인어였던 시절을 잊어가며 꿈을 꾸는 내가 있어 아주 간단한 문제를 풀듯이"(「간단한 문제」), 그리고 "우리 더 살아야 되지 않겠나"(「웅크린 외투에게」)라 자문한다. 뻔한 희망을 시인은 말하는 게 아니다. 희망은 사실 우리에게 고통을 주는 가장 효과적이고 실질적인 감정의 상태다. 무엇을 바라지만 늘 좌절해왔던 존재의 경험 속에서도 희망은 자라기 때문이다. 불온한 세계에서 시인이 결국에 꿈을 꾸고, 좀 더 살아야겠다는 의지를 품는 이유는 다른 데 있을 것이다. 해답을 알지만 그 길이 봉쇄당한 세상의 길목에서 우리는 늘 머뭇거린다. 머뭇거리면서 또 다른 길을 찾는다. 이 뫼비우스의 띠처럼 뱅글 뱅글 돌기만하는 삶의 여정이 한편으로 얄궂으면서도 피식 웃음을 자아내기도 한다. 삶이 주는 고통은 피할 길이 없다. 그러니 우리는 선험적으로 고통을 수반한 존재인 것이다. 다행히도 언어의 마법 때문에 존재가 품에 안은 실존적인

한계를 맘껏 떠벌리고 저주를 퍼붓고, 또한 빛나는 틈새를 발견할 수 있다. 시인이 희망을 말하는 까닭은 딴 데 있지 않다. 이제는 희망을 툭 건드려보아야 할 때기 때문이다. 그러니까 누천년의 시간 동안 녹슨 바퀴처럼 삐걱대기만 했던 시공간에 또 다른 빛깔의 기름을 한 번 부어보자는 것이다.

> 뒤뚱거리는 걸음으로 천릿길을 떠나는 펭귄들
> 아직 오지 않은 또 다른 생을 맞을 준비를 하는 등짝들
> 철퍼덕 두드려보는 것이다
> ― 「빙하기」 부분

"또 다른 생을 맞을 준비를 하는 등짝"을 "철퍼덕 두드려보는" 심산으로 시인은 전망을 세운다. 조연수의 시가 드러내듯, 끝없이 감내하는 상실과 고통의 쓴맛이 실은 달콤한 포즈로 보였던 까닭도 이제는 이해할 수 있을 것이다. 그에게 세계는 한 점 없는 길들이 실타래처럼 얽혀있는 미로다. 미로 같은 삶에서 벗어나는 길은 요원하지만, 그 요원한 숲길이기에 한 번이라도 더 발을 디딜 수 있다. 왜냐하면 자명한 세상이란 단지 상상 속에서만 존재하기 때문이다. 가까이에서 보면 비극이고 멀리서 보면 희극이라는 어떤 이의 말처럼, 어지럽게 납작 엎드려 진군하는 사물들의 등짝이 희미하게나마 빛을 내며 꿈틀거리는 모습이 보인다. 시가 굳이 메시지를 전달하는 게 전부는 아니지만, 연약한 존재를 향해 내미는 따뜻한 손길이 될 수밖에 없는 운명을 조연수의 시를 읽으며 생각하

게 된다. 이 세계의 민낯이 기괴하고 요란한 소리를 내는 전차라면, 그 배후에 끼어 늘 함께 뒤따라오는 것은 '기다림'이라는 이름의 바람이다. 바람은 어디에도 불지만 그 형용은 투명하다. 조연수의 시가 조그맣지만 강한 바람이 되기를 바라면서 소략한 평을 마친다.

가시가 자라는 방식

「이 도서의 국립중앙도서관 출판예정도서목록(CIP)은 서지정보유통지원시스템 홈페이지(http://seoji.nl.go.kr)와 국가자료공동목록시스템(http://www.nl.go.kr/kolisnet)에서 이용하실 수 있습니다.(CIP제어번호: CIP2016023701)」

포엠포엠시인선 016

가시가 자라는 방식
조연수 시집

초판 1쇄 발행 | 2016년 10월 7일

지은이 | 조연수
기획·제작·편집 | 한창옥, 성국
디자인 | 성국, 김귀숙

펴낸곳 | 도서출판 **포엠포엠 POEMPOEM**
출판등록 | 25100-2012-000083

본　사 | 서울시 송파구 잠실로 62 트리지움 308-1603 (05555)
편집실 | 부산시 해운대구 마린시티 3로 37 오르듀 1322호 (48118)
출간 문의 | 010-4563-0347, 02-413-7888 FAX.051-911-3888
이 메 일 | poempoem@daum.net
홈페이지 | www.poempoem.kr
제작 및 공급처 | 산업디자인전문회사 두손컴

정가 10,000원

ISBN 979-11-86668-14-6　03810

* 저자와 협의 아래 인지를 생략합니다.
* 이 책의 저작권은 저자와 출판사에 있습니다.
  저자 허락과 출판사 동의 없이 무단 전재 및 복제를 금합니다.
* 잘못 만들어진 책은 바꿔드립니다.

이 시집은 2016년 IFAC 인천문화재단 문화예술지원금을 지원받아 발간되었습니다.